# DES ÉLECTIONS

## QUI VONT AVOIR LIEU

POUR FORMER

UNE NOUVELLE CHAMBRE DES DÉPUTÉS,

CONSIDÉRÉES SOUS LE RAPPORT

DES VRAIS INTÉRÊTS DE TOUS LES FRANÇAIS
ET DU GOUVERNEMENT,

A L'ÉPOQUE DU 1er AOUT 1815.

DE L'IMPRIMERIE DE MAME.

# DES ÉLECTIONS

## QUI VONT AVOIR LIEU

POUR FORMER

### UNE NOUVELLE CHAMBRE DES DÉPUTÉS,

CONSIDÉRÉES SOUS LE RAPPORT

### DES VRAIS INTÉRÊTS DE TOUS LES FRANÇAIS ET DU GOUVERNEMENT,

A L'ÉPOQUE DU 1er AOUT 1815.

PAR UN MEMBRE D'UN COLLÉGE ÉLECTORAL.

---

« Le Midi ou le Nord, le Continent ou la Mer, ne font
« pas la force des Nations; c'est l'esprit, l'énergie et le
« courage qui donnent tout et enlèvent tout. Celui qui
« s'agrandit n'a donc à redouter que ses passions, et celui
« qui succombe ne doit accuser que ses fautes..... »
( C'est à des hommes doués d'une grande énergie morale,
qu'une Nation en péril doit confier ses destinées. )

MULLER, Histoire universelle, traduite de
l'allemand par J. G. Hess. Introduction.



## A PARIS,

CHEZ
E. BABEUF, LIBRAIRE, RUE DU PETIT-LION-SAINT-SULPICE, N° 26;
DELAUNAY, LIBRAIRE, AU PALAIS-ROYAL, GALERIE DE BOIS;
PELICIER, LIBRAIRE, AU PALAIS-ROYAL.

---

1815.

# AVANT-PROPOS.

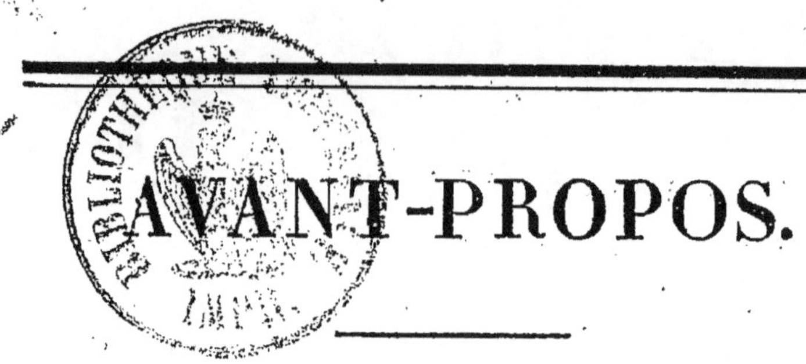

A u milieu du choc des passions, qui, si elles ne sont pas calmées par la sagesse, peuvent encore ajouter à nos malheurs, qu'il soit permis à un bon Français de soumettre à ses conci-toyens quelques réflexions inspirées par l'amour sincère de la patrie.

Appliquons-nous ces paroles adres-sées par le Roi de Naples à ses peuples, et qui sont aussi l'expression fidèle des sentimens de notre Roi : « *Toutes les disgrâces, tous les malheurs qui ont signalé les vingt-cinq dernières années, doivent être oubliés. Toutes les vertus qui ont pu les illustrer doivent être rap-pellées. La vertu est une ; elle est la même dans tous les temps, dans tous les lieux, sous tous les gouvernemens* (1). »

_______

(1) Moniteur, numéro du 31 juillet; article daté de Naples, du 12 juin 1815.

Dans ce peu de mots est l'instruction la plus précise et la plus complète qui puisse être donnée aux Collèges Électoraux. Qu'ils choisissent, pour représenter la France, des hommes vertueux, capables de puiser toujours leurs opinions dans leur conscience, dans le sentiment de leurs devoirs, dans l'amour du bien public, dans un dévouement absolu à la Patrie et au Roi.

Le Roi, en véritable père de famille, embrasse également dans ses affections tous les Français qui aiment et qui servent loyalement leur patrie.

Ils ont aussi servi le Roi de France, les intrépides soldats qui, depuis vingt-cinq années, ont défendu, au prix de leur sang, le territoire français.

Ils ont servi le Roi, les administrateurs, les magistrats, les membres des Corps Représentatifs, qui, en acceptant et en exerçant leurs fonctions, sous les gouvernemens *de fait* qui ont existé en France, ont empêché leur pays de tomber dans une sanglante anarchie.

Les dénominations de partis, dont l'influence a si long-temps été meurtrière dans nos troubles civils, ne tendraient qu'à réveiller des préventions injustes, des divisions funestes, dans un moment où l'union est notre premier besoin. Nous ne devons exclure de nos suffrages que les hommes dont le caractère et la conduite les ont fait juger indignes de l'estime des gens de bien, et ceux qui pourraient apporter dans la Chambre des Députés un esprit d'exaspération, des souvenirs de haine, des idées de réaction et de vengeance. Mais, nous devons rechercher et honorer de nos choix les Français qui sont restés purs et vrais citoyens, dans le cours de nos révolutions.

« *Ce sont natures belles et fortes*, dit Montaigne, *qui se maintiennent au travers d'une mauvaise institution.* »

( viij )

Anacharsis disait que l'état le plus heureux serait celui où la préférence pour les emplois publics serait constamment donnée à la vertu.

# DES ÉLECTIONS
## QUI VONT AVOIR LIEU

POUR FORMER

UNE NOUVELLE CHAMBRE DES DÉPUTÉS,

CONSIDÉRÉES SOUS LE RAPPORT

DES VRAIS INTÉRÊTS DE TOUS LES FRANÇAIS
ET DU GOUVERNEMENT;

A L'ÉPOQUE DU 1ᵉʳ AOUT 1815.

---

IL serait superflu de s'appesantir sur les causes, et particulièrement sur la nature et sur l'étendue des nouveaux malheurs qui accablent en ce moment notre patrie : tous nos efforts doivent avoir pour but de trouver et d'appliquer les mesures propres à la sauver. Le Roi, son Ministère et la Représentation Nationale, qui doit être incessamment convoquée, ont désormais cette noble tâche à remplir. C'est à ce même but, le rétablissement durable de la tranquillité et de la prospérité de la France, que doivent se rapporter toutes les méditations des écrivains politiques, amis de leur pays, qui peuvent offrir quelques vérités utiles, et qui sont appelés à seconder l'action du gouvernement, par une influence salutaire sur l'opinion publique.

La nation aurait également droit d'accuser de ses malheurs actuels, d'un côté, les hommes qui ont préparé ou favorisé le retour de Napoléon, et qui ont osé se fier, une seconde fois, à l'homme égoïste et ambitieux, qui avait donné, pendant quinze années, la mesure de son caractère violent et absolu, de sa tendance incorrigible au despotisme, de sa haine profonde pour tous les partisans des idées généreuses ; de l'autre, quelques-uns des Français, revenus, en 1814, avec le Roi, dévoués à sa personne et à sa cause, mais qui avaient assez peu connu la véritable situation des choses et la disposition réelle des esprits, pour croire à la possibilité de rétablir et de maintenir l'ancienne autorité royale, affranchie des limites salutaires que lui assignent les institutions nouvelles.

Dans ces deux classes de Français, sont les vrais auteurs des calamités inouies, que les cinq derniers mois ont amassées sur nos têtes, et qui ont éclaté tout à coup, comme un orage destructeur. Mais, ces deux classes peuvent compter aussi plusieurs citoyens estimables, dont les intentions

étaient pures et les vues louables et patriotiques,
et qui ont voulu sincèrement le bien de leur pays,
quoique par des moyens opposés. Au lieu de les
confondre dans une accusation générale, il faut
apprécier et distinguer les sentimens et les motifs
qui les ont dirigés, et ne point oublier que, dans
les révolutions politiques, une extrême indul-
gence est toujours une extrême justice. La seule
distinction à faire seroit celle des hommes de bien
et des hommes corrompus, et non des individus
qui ont adopté telle ou telle opinion. Car, toutes
les opinions peuvent être défendues et respectées,
lorsqu'on les a professées de bonne foi, sans agir
contre les lois et sans troubler l'ordre public.

Nous éviterons donc des récriminations inu-
tiles, soit contre les hommes imbus de vieux
préjugés, qui avaient cru pouvoir rétablir et
faire triompher en France l'ancien ordre de
choses, repoussé par la génération actuelle,
soit contre les Français inquiets et mécon-
tens, qui ont été accessibles à des illusions
séduisantes et à l'espérance trompeuse d'un meil-
leur avenir pour eux-mêmes et pour la patrie,
lorsque Napoléon a reparu inopinément sur le
territoire français, avec ses proclamations fas-
tueuses. Mais, voulant rapporter toutes nos pensées à des considérations d'utilité générale, im-

médiatement applicables aux pénibles circonstances qui nous pressent de toutes parts, nous
chercherons à déterminer, dans cet écrit, d'abord,
quels sont les motifs qui doivent aujourd'hui rattacher au Roi la nation et l'armée ; en second
lieu, quels sont les vrais moyens de lui concilier
l'opinion et l'affection de toutes les classes de
Français ; enfin, d'après quels principes et dans
quel esprit doivent être faites les nouvelles élec-
tions des membres de la chambre des députés, et
quelle est la noble, difficile et importante mission
que cette chambre paraît appelée à remplir.

La première question pouvait être douteuse,
tant que Napoléon étoit encore *de fait* le chef de
nos armées et de l'état. Les meilleurs citoyens,
ceux même qui gémissaient le plus de son retour, qui redoutaient le plus sa tyrannie, étaient
réduits à voir, dans l'oppresseur de la liberté
publique, le défenseur nécessaire de l'indépendance nationale, et pouvaient alors le servir avec
zèle, par l'élan d'un pur patriotisme (1). Il s'agis-

______

(1) Aussitôt que Napoléon, revenu de l'île d'Elbe,
eût repris les rênes de l'administration, les bons citoyens
durent se soumettre au gouvernement qui existait *de fait*,
et marcher avec lui, puisque le gouvernement *de droit*
avait cessé d'exister.

*Dès qu'un gouvernement a existé, on ne peut exercer*

sait, surtout pour les militaires, qui ne doivent pas délibérer, mais combattre, de garantir le territoire français d'une invasion. La patrie doit approuver les motifs de leur conduite, applaudir à leur courage, honorer de ses regrets les braves qui ont succombé pour sa défense. Maintenant, l'invasion a eu lieu. Napoléon, en quittant une cinquième fois son armée, après une bataille perdue, a rompu le faible et dernier lien qui paraissait l'unir encore à la France. Il n'a su, ni déposer à temps la suprême autorité, pour désarmer l'Europe coalisée, qui n'exigeait d'autre condition de la paix que son exclusion absolue du trône, ni défendre par les armes sa couronne

---

*aucune recherche contre ceux qui en ont reçu des fonctions.* Ce principe conservateur de l'ordre social, sans lequel la paix et la sécurité seraient bannies de la terre, est consacré par la sagesse des siècles, par la doctrine de l'évangile, par le droit romain, par les maximes de gouvernement en Angleterre, où il est, je crois, devenu l'objet d'une loi positive. Les militaires, surtout, dont l'obéissance doit être raisonnable, comme celle de tous les hommes dans la société, mais qui sont spécialement appelés à défendre l'état, et non à choisir les hommes qui gouvernent, ni à discuter le pacte social, doivent toujours reconnaître le *gouvernement de fait*, et lui obéir.

et la France. Il a dessillé les yeux de ceux même qu'avaient pu éblouir le prestige de son ancienne gloire militaire et le charlatanisme audacieux de ses nouvelles déclarations.

Son abdication , quoique tardive et forcée, a fait enfin disparaître le seul obstacle qui s'opposait à la paix intérieure et à la réconciliation de la France avec l'Europe. Désormais, tous les sentimens , toutes les volontés des bons Français doivent se réunir et se confondre. Il s'agit, avant tout, de conserver l'indépendance et l'intégrité de la France : notre union est le plus sûr moyen d'arriver à ce but. Il s'agit ensuite de ramener , pour notre chère patrie si long-temps malheureuse , des jours de paix et de prospérité : l'harmonie entre les Français et leur gouvernement est la première condition nécessaire pour obtenir ce résultat. C'est la Représentation Nationale qui devra resserrer l'union entre la nation et le monarque, entre les Français des temps passés, toujours attachés à leurs anciennes idées , et les Français, élevés depuis la révolution, et modifiés par les institutions qu'elle a consacrées.

*L'unité politique* est un sentiment, un instinct, un besoin impérieux pour toutes les sociétés humaines : elle constitue la patrie. Un centre commun nous est nécessaire pour conserver et

garantir cette précieuse unité. Le Roi seul et l'u-
nité de son ministère responsable nous offrent
désormais ce point central, autour duquel doivent
se réunir en faisceau toutes les forces nationales.
Les puissances alliées ont solennellement promis
de respecter l'intégrité de notre territoire et notre
indépendance (1). Nos dissentions intérieures
pourraient seules leur fournir des motifs ou des
prétextes, pour ne point accomplir les promesses
contenues dans leurs déclarations.

Imitons le noble et touchant exemple que nous
ont donné les Vendéens, en s'unissant aux mêmes
troupes françaises, contre lesquelles ils combat-
taient, pour ne point offrir, au moment où

----

(1) *L'Angleterre, en adhérant au traité du 25 mars,
ne poursuivra point la guerre, dans la vue d'imposer à la
France aucun gouvernement particulier.*

(Déclaration du lord Castlereagh, du 25 avril
1815.)

*L'Empereur d'Autriche est convaincu que le devoir qui
lui est imposé par l'intérêt de ses peuples et par ses propres
principes, ne lui permettra pas de poursuivre la guerre,
pour imposer à la France un gouvernement quelconque.*

(Adhésion de l'Autriche à l'interprétation donnée
par le gouvernement Anglais au huitième article du
*Traité du 25 mars,* signée à Vienne le 9 mai 1815,
par le prince de Metternich.)

l'Europe armée vient occuper notre territoire, le spectacle honteux de citoyens français occupés à s'entre-détruire.

C'est surtout dans nos assemblées électorales, où nous exerçons notre droit politique le plus important, celui de déléguer les pouvoirs de la nation à des citoyens recommandables et éclairés, chargés de la représenter, d'exprimer ses vœux, de défendre ses intérêts, que nous devons conserver, en présence des étrangers, cette attitude calme, imposante, majestueuse, qui les forcera d'apprécier, d'estimer, de respecter le caractère français. Quelles seraient aujourd'hui parmi nous les causes de divisions? Je puis reproduire ici les mêmes paroles que j'adressais, il y a deux mois, à mes concitoyens (1), et qui conviennent, plus que jamais, à notre situation.

« La divergence des opinions ne tient nullement aux vrais principes de l'ordre social, qui sont invariables, et sur lesquels chacun est d'accord. Nos intérêts, nos vœux, nos besoins sont communs. Pauvres ou riches, fonctionnaires pu-

_______________

(1) Voyez le numéro du journal intitulé : l'Indépendant, du 17 mai 1815, dans lequel est un article que j'avais adressé à MM. les rédacteurs, et dont j'ai cru devoir reproduire quelques passages dans cet écrit.

blics ou simples citoyens ; partisans de telle ou telle forme de gouvernement, par affection, par préjugé, par enthousiasme, par illusion, nous voulons tous une seule et même chose : notre liberté, notre tranquillité, nos droits garantis. Le partisan du despotisme le plus absolu ne veut, pas plus que le républicain exalté, être victime de l'arbitraire ; le champion le plus fougueux de la liberté, s'il est de bonne-foi avec lui-même, abhorre, autant qu'un royaliste prononcé, les excès de la licence et de l'anarchie, dont il serait nécessairement victime (1).

« Ces vérités incontestables seraient-elles donc méconnues ? il s'agit de se rallier autour d'elles, de finir une fois la révolution, de sortir du cercle vicieux dans lequel l'anarchie et le despotisme nous ont trop longtemps enfermés. Il s'agit surtout de conserver intact le sol sacré de la patrie, d'en écarter, par un traité de paix honorable, les

_______________

(1) Quelques hommes, qui n'ont pas assez réfléchi sur les matières politiques, ou qui sont aveuglés par leurs passions, croyent qu'on peut obtenir la liberté civile, sans avoir la liberté politique. Ils ne soupçonnent pas cette vérité profonde, si bien exprimée par le Chancelier Bacon : *Sub tutelâ juris publici latet omne jus privatum.* Tout droit particulier est placé sous la protection du droit public.

baïonnettes étrangères, que doivent également redouter les Français de toutes les opinions, de tous les partis ».

Si la nation entière sent le besoin de s'unir fortement au Roi et à son ministère, de réparer, autant qu'il dépend d'elle, l'affreux malheur qui a rompu, pendant quelques mois, le pacte social, et qui a replongé la France dans un abîme ; le Roi et ses ministres ne peuvent se dissimuler qu'il n'importe pas moins au gouvernement de se concilier l'opinion et l'affection de la nation, et d'adopter franchement, dans cette vue, les principes et les institutions que le vœu national a sanctionnés.

Une période de vingt-cinq années de révolution a nécessairement influé sur les opinions, sur les intérêts, sur les habitudes de toutes les classes de la société. Vouloir gouverner la France actuelle, absolument comme la France de 1788, serait une chose impraticable, un contre-sens politique qui aurait les plus funestes conséquences.

L'autorité du Roi se serait facilement affermie, l'année dernière, si plusieurs des personnes, revenues avec lui, égarées par leurs préventions, et plus occupées de leurs propres intérêts que des grands intérêts du monarque et de la patrie, n'avaient pas employé leur influence dans les affaires publiques, à faire entrevoir, par beaucoup de manifestations imprudentes, le projet de rétablir peu-à-peu l'ancien ordre de choses, j'ai presque dit, les anciens abus.

Alors, la plupart des Français ont été attaqués dans ce qu'ils ont de plus cher. Les neuf ou dix millions de citoyens, acquéreurs de biens nationaux, ont craint de perdre leurs propriétés, achetées sous la garantie des lois. Tous les citoyens, appartenant à l'ancienne bourgeoisie, ont craint le rétablissement des castes privilégiées, des abus, des humiliations, des vexations qu'elles devaient ramener à leur suite. Les paysans, propriétaires et fermiers, ont eu peur du retour de la dîme et des corvées, annoncé publiquement par quelques écrivains, et par quelques prêtres dans leurs prônes. Les militaires et leurs familles ont vu, avec une profonde humiliation, que les services rendus à la patrie dans les armées, depuis vingt-cinq ans, ne seraient plus comptés, si même ils n'étaient érigés en crimes, et que la carrière de l'avancement, ouverte aux seules familles nobles, dont les enfans auraient un droit exclusif d'admission dans les écoles royales militaires, serait presque entièrement fermée pour les autres classes de la nation. Tous les Français qui avaient pris quelque part à la révolution, soit en publiant des écrits favorables à ses principes, soit en exerçant des fonctions publiques, n'ont pu voir sans inquiétude les pamphlets semi-officiels, dans lesquels on affectait de rappeler, comme autant de titres de proscription, les opinions et les votes politiques, dont l'entier oubli avait été garanti par le Roi.

La Charte Constitutionnelle, qui n'était qu'une simple Ordonnance Royale, révocable et précaire de sa nature, et qui avait déjà reçu plusieurs atteintes, ne pouvait inspirer assez de confiance, ni offrir une assez forte garantie, pour calmer toutes les inquiétudes excitées à la fois, et pour affermir le gouvernement.

Si les causes de mécontentement avaient été prévenues, si ceux qui environnaient et qui conseillaient le Roi, ou qui agissaient en son nom, s'étaient attachés uniquement à faire aimer son autorité, par l'observation des promesses données, et par une justice impartiale, jamais Napoléon, auquel il ne restait en France qu'un petit nombre de partisans, n'aurait pu réussir à soulever en sa faveur, par sa seule apparition et par ses proclamations, une grande partie du peuple, et presque toute l'armée. Car, on ne saurait trop le répéter, ce n'est point un seul homme, depuis long-temps l'objet de la haine générale, qui a été la *cause* du bouleversement politique, opéré comme par enchantement, au mois de mars 1815 : il importe de bien remarquer qu'il n'en a été que l'*occasion*, dont les classes mécontentes ont profité.

Si on laissoit subsister la *cause* première des troubles, c'est-à-dire, un mécontentement général, profond, invétéré, produit par les tentatives insensées d'une faible minorité, qui voudrait faire revivre des prétentions surannées, des privilèges abolis, des institutions détruites, les *occasions* ne manqueraient pas pour faire éclater des troubles, et les conséquences d'une explosion nouvelle seraient incalculables.

Il faut donc, en août 1815, profiter d'une expérience trop chèrement achetée, pour éviter à l'avenir de nouvelles fautes et de nouveaux malheurs.

La meilleure garantie d'une conduite plus analogue aux vœux et aux besoins publics, existe à la fois dans les intentions paternelles du Roi, dans son esprit éclairé, dans la récente et cruelle expérience que nous avons faite de la fragilité d'un gouvernement qui n'est pas intimement uni à la masse des citoyens, et qui se laisse influencer par une minorité en opposition avec l'opinion dominante, et surtout dans la composition d'un

ministère à la fois sage et ferme, investi de la
confiance publique, propre à donner au gouvernement cette force qui résulte de l'unité de volonté et d'action, responsable envers les deux
chambres appelées à représenter la nation, s'il
devait jamais dévier de la ligne constitutionnelle;
en sorte que la personne du monarque, toujours
inviolable et sacrée, reste placée dans une sphère
supérieure aux attaques et aux orages.

La nation française, naturellement bonne,
aimante, affectueuse, ne demande qu'à se rallier
avec unanimité au Roi, qui veut manifester par
ses actes, par ses choix, par la marche de son
ministère, sa détermination franche et positive
de maintenir et de consolider les institutions nouvelles, dont la Représentation Nationale, chargée
de travailler à la législation, et d'abord à la loi
constitutionnelle, est la première base.

Les monarques alliés, réunis dans notre capi-
tale, sont eux-mêmes essentiellement intéressés
à ce que le gouvernement royal, rétabli sous
leurs auspices, soit aimé de la nation et solide-
ment affermi. Mais, la modération et la sagesse
peuvent seules donner aux opérations des hommes
un caractère de stabilité. La chute rapide de Napoléon, qui a joui d'une si grande prépondérance
politique et militaire, doit servir de préservatif

contre les dangers de l'ivresse des succès, et de l'aveuglement des passions.

Pour que le gouvernement du Roi de France continue à s'affermir, il est à désirer que les monarques alliés lui accordent promptement une cessation absolue des terribles hostilités qui ont lieu sur plusieurs points de la France, et une paix honorable qui fasse mieux apprécier à ses peuples le bienfait de sa présence.

Car, si les horreurs de la guerre devaient se prolonger, aujourd'hui que l'existence politique de Napoléon est terminée, et que Louis XVIII est replacé sur le trône, le gouvernement français perdrait, aux yeux de la nation et de l'Europe, une partie de sa considération et de sa force, puisqu'il ne pourrait empêcher que la France fût traitée en pays conquis.

Si le traité de paix n'était pas stipulé, d'après des conditions honorables, et en même-temps avec toutes les garanties nécessaires pour sa stricte observation ; si la France était condamnée à l'humiliation d'une paix, qui serait une atteinte à son indépendance et à son intégrité, et dès-lors une violation des promesses contenues dans les déclarations officielles des puissances alliées, de nouveaux troubles pourraient se manifester tôt ou tard en France, et réagiraient sur l'Europe.

Il est donc de l'intérêt des Rois alliés de concourir, en ce qui peut dépendre d'eux, à mettre le gouvernement de France en harmonie avec l'opinion et avec les intérêts du peuple, afin que la tranquillité de la France ne soit pas compromise, et que la tranquillité générale de l'Europe soit mieux garantie.

Il est bien temps de faire cesser les hostilités, les résistances partielles, et l'effusion du sang humain, désormais inutile, puisque l'objet de la guerre est rempli.

Si les Rois veulent arrêter la marche des nouvelles troupes étrangères qui sont dirigées sur la France, et faire disposer le prochain départ d'une grande partie de celles qui occupent en ce moment notre territoire, ils rendront plus facile la prompte exécution du projet que le Roi a formé, dans sa sagesse, de faire incessamment consacrer la Charte Constitutionnelle, simple Ordonnance Royale, par l'assentiment libre et solennel de la Représentation Nationale, de manière que cette Charte, modifiée et perfectionnée, s'il y a lieu, par le concours des deux chambres avec le Roi, soit convertie en loi fondamentale de l'état. Ainsi, les puissances auront une double garantie du rétablissement durable de la tranquillité, en France, dans les sentimens personnels du

Roi, leur auguste allié, et dans la sanction nationale, revêtue des formes établies par les institutions nouvelles.

Ces institutions, loin de porter atteinte à la
majesté du trône et à l'autorité royale, en re-
lèvent la splendeur et en augmentent la force.
Autrefois, les États-Généraux, convoqués à des
époques plus ou moins rapprochées, suivant les
besoins de l'état, les États-Provinciaux, les Parlemens, les autres Cours, presque héréditaires et
en permanence, entouraient le monarque, le
soutenaient en lui résistant quelquefois, et repré-
sentaient jusqu'à un certain point, d'après les cou-
tumes alors en vigueur, une partie de la nation.
Aujourd'hui, un mode plus juste, plns régulier et
plus complet de représentation nationale unit,
par un lien plus intime, le monarque à ses
peuples, et tend à donner plus de stabilité au
gouvernement.

Puisqu'il est reconnu que le rétablissement et la
durée de la tranquillité intérieure, en France, sont
nécessaires au rétablissement et à la conservation
de la tranquillité générale, en Europe, il résulte
de cette vérité de fait que les puissances alliées,
en travaillant à procurer un repos durable à la
France, se proposent un résultat politique, dont
les conséquences immédiates intéressent leurs

propres états. Tous les peuples de l'Europe sont unis par le lien qu'établit entre eux la civilisation ; un même sentiment leur fait désirer à tous la jouissance de quelques droits communs : aucun d'eux ne peut éprouver une grande injustice ou de grands malheurs, que le contre-coup n'en soit ressenti par les autres états.

L'oppression qui serait exercée contre une nation, dominée long-temps par un chef conquérant et ambitieux, et qu'on voudrait punir outre mesure des calamités dont ce chef a couvert l'Europe, et dont elle a été la première victime, serait un acte de violence et d'injustice, qui exciterait, dans tous les pays, chez toutes les âmes généreuses, une indignation concentrée. Plus tard, cette indignation ne manquerait pas d'éclater. Les nouveaux désordres auxquels donneraient lieu l'enivrement de l'orgueil et l'abus de la victoire, retomberaient, par la force irrésistible des choses, sur les autres nations. Une paix solide serait impossible. Si, au contraire, une sage modération, un noble désintéressement président à la conduite des puissances alliées avec la France, elles mériteront et obtiendront l'approbation, l'estime et l'affection de leurs sujets respectifs et de tous les peuples ; elles affermiront les trônes, en même-temps que l'ordre social, et préviendront de grands malheurs

C'est dans le sein des Corps représentatifs, et du haut de la tribune nationale, que ces vérités, présentées avec une respectueuse confiance dans l'esprit de justice de notre Roi et des Monarques alliés, pourront exercer une influence salutaire sur la marche du Gouvernement français et sur le système politique européen. Elles retentiront aussi dans les chambres du parlement britannique. Elles seront accueillies dans les cabinets des Rois, après avoir été constamment repoussées par l'ennemi des nations. Elles obtiendront l'honorable suffrage de l'Empereur Alexandre, dont l'âme est accessible à tous les sentimens généreux ; et cette noble et bienfaisante entreprise, qui a pour objet la réparation des malheurs du monde, l'établissement des institutions favorables à la prospérité des peuples, mais qu'une suite non interrompue de guerres a toujours retardée jusqu'à présent, pourra être conduite glorieusement à son terme.

Quels sont les hommes dignes d'être appelés à représenter la nation française, dans ces grandes circonstances, pour être à la fois les organes de leurs concitoyens auprès du Roi et à la face de l'Europe, et pour contribuer à raffermir sur des bases solides la monarchie constitutionnelle ébranlée, la tranquillité et la sûreté publiques compromises par une commotion violente et im-prévue?

Ici, toutes les considérations particulières de liaisons d'amitié, de parenté, d'amour-propre, d'intérêts de localité, d'esprit de parti, de coterie ou d'intrigue, doivent s'évanouir devant la grande considération de l'intérêt national. Les membres des collèges électoraux doivent se pénétrer de la haute importance des choix qui leur sont confiés.

Il faut à la France des députés qui unissent la prudence au courage, le patriotisme aux lumières, le désintéressement à la fermeté, qui soient assez dévoués aux intérêts du roi et de la patrie, pour exprimer toujours avec une noble franchise les vérités qu'ils croiront utiles au bien public, qui s'étudient avec un soin religieux à justifier la confiance de leurs commettans, qui soient inacces-sibles aux séductions, aux intrigues, aux in-fluences corruptrices et à l'esprit de faction.

Des hommes dont l'énergie aura sa source dans leur conscience, défendront à la fois les droits de la nation, les institutions consacrées par le pacte social et l'autorité du monarque. Mais, leur énergie ne sera jamais perturbatrice ni dange-reuse, si elle est inspirée par la sagesse, éclairée par l'expérience. Il s'agit d'offrir aux étrangers la nation française, délivrée de l'anarchie et du despotisme, forte de son union avec un roi citoyen. Il s'agit de prouver à l'Europe que la liberté réglée par les lois, à laquelle la France aspire depuis long-temps, loin d'être un sujet d'alarme pour les peuples et les gouvernemens, sera une garantie de sa tranquillité.

Des *propriétaires*, connus par leur attachement solide, invariable, raisonné, aux principes de l'ordre social et d'une sage liberté; des *acquéreurs de biens nationaux*, qui auront à la fois le patriotisme, la modération et l'instruction nécessaires pour discuter et soutenir les intérêts publics; des *militaires honorables*, qui auront prodigué leur sang pour la patrie, et qui joindront au courage du guerrier la noble fermeté du citoyen; des *administrateurs*, des *magistrats*, d'anciens *fonctionnaires publics*, qui n'aient jamais été instrumens serviles d'une volonté despotique, mais qui soient toujours restés les hommes de la nation et de la loi; des *écrivains* probes et instruits, dont le talent, inspiré par le cœur, éclairé par la raison, dirigé vers un noble but, ait toujours été consacré à développer des vues saines et utiles; des *hommes d'un bon sens éprouvé*, et *d'un grand caractère*, plutôt que des hommes d'esprit, *des penseurs judicieux*, et surtout des

*amis sincères de la patrie; des royalistes sages;
des Français estimables et purs*, qui aient donné
des garanties de leur moralité dans le cours de la
révolution, qui ne soient point susceptibles de
l'exagération où peut conduire l'esprit de parti,
ni aveuglés par des passions haineuses, ni capables
de pousser le gouvernement dans un système de
réaction et de vengeances : tels sont les députés
que la nation réclame, et qui peuvent répondre à
sa confiance et imprimer un caractère de matu-
rité et de stabilité à nos institutions.

Qu'aucun souvenir du passé, qu'aucune préven-
tion injuste ne donnent lieu à des exclusions.
Les hommes purs et désintéressés, connus par
une probité austère, par un attachement constant
à la patrie, serout fidèles à eux-mêmes, à la France
et au roi, quelles qu'aient pu être les nuances de
leurs opinions, au milieu des oscillations des
partis.

Ceux qui furent toujours de bonne-foi dans
leurs opinions, qui ne cédèrent jamais aux séductions de la puissance, qui ne furent point
les bas courtisans, ni de la multitude, en 1793,
ni des divers gouvernemens qui se sont succédés,
sauront se maintenir, en 1815, et pendant la ses-
sion législative qui va s'ouvrir, dans cette ligne
des idées saines et des bons principes, qui sont

les meilleurs garans que la nation ne sera point livrée aux abus du pouvoir ministériel par des représentans infidèles, ni la puissance du monarque abandonnée ou trahie par des députés lâches et serviles, ou attaquée par des factieux.

De semblables délégués de la nation, dévoués par un sentiment intime et profond à son salut et à sa prospérité, sauront honorer et servir leur patrie, contribuer utilement à diminuer et à faire cesser les maux qu'elle souffre, prouver enfin à l'Europe que notre France, souvent accusée de mobilité, de légéreté, d'inconstance, veut réellement et fortement une monarchie constitutionnelle et tempérée, une sage liberté, dont les bienfaits, si chèrement achetés, doivent devenir le prix de son courage, de ses efforts, de ses longs malheurs, de ses immenses sacrifices.

Les députés, aux termes de l'article 38 de la charte constitutionnelle, ne peuvent être nommés, qu'autant qu'ils paient une contribution directe de mille francs. On aurait désiré que l'ordonnance du roi, relative à la convocation des corps électoraux ( en date du 18 juillet ), qui s'est déjà relâchée de quelques rigueurs de la charte, eût réduit, pour les députés à élire, cette proportion de 1,000 francs, tout-à-fait excessive dans plusieurs départemens (1), et qui généralement paraît trop élevée. Un grand nombre de citoyens recommandables se trouvent écartés de la liste des éligibles ; les électeurs sont privés de la faculté de choisir beaucoup d'hommes dignes de leurs suffrages, parmi lesquels on pourrait citer quelques membres de l'ancienne chambre des députés de 1814, et de la chambre des représentans de 1815.

L'ordonnance royale ne fait aucune mention de la disposition consacrée par l'article 39 de la Charte, portant que « s'il ne se trouvait pas dans un « département cinquante personnes de l'âge indi- « qué (quarante ans), payant au moins mille francs « de contributions directes, leur nombre sera « completté par les plus imposés au-dessous de « mille francs, et ceux-ci pourront être élus con- « curremment avec les premiers ».

Cette disposition constitutionnelle, n'étant point annullée, conserve toute sa force, et sera proba-

---

(1) On cite particulièrement le département de la Corrèze, où *quatre propriétaires* seulement payent *mille francs* de contributions foncières annuelles. Le cinquième plus imposé, qui paie 950 *francs*, est un ancien député, continué long-temps dans ses fonctions législatives, dans lesquelles il a justifié la confiance de ses commettans. L'un de ceux qui paraît avoir le plus de droits à être élu, serait-il exclus de la liste des éligibles ?

blement rappelée dans les instructions ministé-
rielles aux colléges électoraux.

On pourrait craindre que l'âge pour être éligi-
ble, fixé d'abord à *quarante ans* par l'article 38
de la Charte, reporté tout à coup à *vingt-cinq
ans*, par l'ordonnance du 18 juillet, n'introduisît
dans le sanctuaire des lois un trop grand nombre
de jeunes gens inexpérimentés, présomptueux,
d'un esprit plus brillant que solide, susceptibles
d'exaltation, et d'une sorte d'effervescence, peu
compatible avec cette raison froide et calme qui
doit caractériser les législateurs. L'âge de trente
ans aurait peut-être mieux convenu pour concilier tous les intérêts. Mais, la sagesse des colléges
électoraux préviendra sans doute l'abus de cette
faculté qu'on leur a laissée. Ils ne fixeront leurs
suffrages sur des candidats âgés de moins de trente
ans, qu'autant que des talens distingués, un
noble caractère, une moralité éprouvée, un esprit de sagesse qui, chez quelques individus pri-
vilégiés, n'attend pas le nombre des années,
auront paru justifier une exception honorable.
Ils s'attacheront surtout à choisir des hommes
qui soient mûris par l'expérience et la méditation,
mais dont les âmes soient jeunes encore par
l'énergie et la pureté des sentimens. Ces hommes,
en France, sont d'autant plus rares, ou plus

difficiles à distinguer dans la foule, qu'ils ont presque tous été, depuis quinze années, étouffés sous Napoléon, repoussés de toutes les fonctions éminentes, soustraits avec soin aux regards et aux suffrages de leurs concitoyens. C'est donc dans une condition privée, ou dans des fonctions inférieures, qu'il sera le plus souvent nécessaire de les chercher.

« Les dépositaires du pouvoir absolu, dit un historien philosophe (1), ont un tact infaillible pour choisir leurs coopérateurs : les sentimens généreux les repoussent, et la bassesse les attire ».

Napoléon craignait les hommes doués d'un grand talent, d'une âme pure et d'un grand caractère : ces hommes seuls font néanmoins la force et la gloire des états. Il fallait, pour trouver grâce auprès de lui, expier un talent supérieur par une extrême souplesse, ou par une grande servilité, ou par une profonde corruption ; ou racheter, par une grande médiocrité d'esprit, par une nullité absolue de conceptions politiques, la pureté des sentimens, l'austérité des principes, l'énergie et la force du caractère.

La décadence rapide et la chute de cette puis-

_______________

(1) Fergusson, *Histoire de la Société civile.*

sance colossale, d'autant plus fragile qu'elle s'était élevée à une prodigieuse hauteur, sans avoir jamais une base solide, ont dû rendre plus évidentes encore pour les rois ces vérités trop méconnues : que tout ce qui est fait sans l'opinion, ou contre son vœu, est nécessairement de courte durée ; que les gouvernemens qui repoussent avec orgueil toute espèce de résistance à leurs volontés de la part des hommes admis dans leurs conseils, manquent de points-d'appui et de soutiens, parce qu'en politique, comme en mécanique, on ne peut s'appuyer que sur ce qui résiste.

Si Napoléon n'avait pas éloigné, inquiété, maltraité, persécuté ceux qui ont quelquefois hasardé de lui faire entendre la vérité, il n'aurait pas constamment bravé l'opinion publique ; il aurait pu affermir son autorité par la modération et la sagesse. Mais, tout son système politique n'a été fondé que sur un machiavélisme profond, sur un charlatanisme audacieux, qui ont pu tromper et séduire la multitude et beaucoup d'hommes crédules et confians, dont la bonne-foi et la loyauté ne leur permettoient pas de soupçonner sa perfidie ; mais qui n'ont pu en imposer aux observateurs clairvoyans, habitués à ne point juger les hommes et les choses sur de simples apparences. On a dit de Napoléon, qu'*il a tout osé et tout usé*. Il s'est joué de l'opinion, de la morale, des promesses les plus solennelles, d'une grande et généreuse nation, de presque toute l'Europe, de sa propre gloire. Il n'a jamais songé qu'à augmenter sa puissance; il n'a vu la puissance que dans la force militaire; il a épuisé notre population et nos finances, la population et les finances des autres états, pour assouvir sa passion dominante. Il a rapporté toutes ses actions, toutes ses pensées et les immenses moyens dont il a pu disposer, à lui seul, à son orgueil, à son ambition. Un sentiment purement personnel inspirait et corrompait tous ses gigantesques projets. L'échaffaudage de sa grandeur s'est écroulé : le héros s'est évanoui.

Et cependant, les fléaux de tout genre qu'il a successivement rassemblés sur nos têtes, l'affreux héritage de malheurs qu'il vient de nous léguer en quittant la France, ne doivent pas nous rendre coupables envers lui d'une partialité injuste, qui retomberait sur nous-mêmes. Nous ne devons, ni rabaisser entièrement sa gloire militaire, puisqu'elle est en grande partie l'ouvrage de nos armées, et qu'elle est désormais dans le domaine de l'histoire, comme la prétendue et funeste gloire des autres conquérans; ni refuser de reconnaître en lui un génie politique supérieur. Car, il serait impossible, il serait honteux pour la France et pour l'Europe, qu'un homme absolument médiocre eût fait fléchir, pendant quinze années, sous ses lois une grande nation et une partie du monde civilisé.

Napoléon est renversé, son existence politique est enfin terminée : la postérité commence pour lui, et Tacite peut s'asseoir sur la tombe de Tibère. Nous devons le juger historiquement et sans passion. N'admettons point l'opinion qui veut qu'on cesse entièrement de rappeler son nom et ses actes. Il convient, au contraire, de rechercher, de signaler, d'exposer au grand jour les fautes et les crimes qui ont préparé, accéléré, déterminé sa chute. Les Rois et leurs ministres pourront y puiser des leçons utiles. Quel sujet de méditation, que ce règne de quinze années d'un homme élevé à la puissance, sous les auspices de la liberté politique, dont il avait proclamé les maximes ; affermi sur le trône par le prestige de ses victoires ; devenu tyran d'un peuple libre et professeur de despotisme en Europe ! Car, il avait la prétention d'apprendre aux autres monarques à bien gouverner ; mais, sa science de gouvernement se bornait presque toujours à multiplier au-delà de toute proportion les ressources fiscales et

les forces militaires. Il croyait qu'une nation ac-
cablée d'impôts, épuisée d'hommes, appauvrie,
asservie, malheureuse, restait courbée sous le
joug, et impuissante pour s'en affranchir.

Aujourd'hui, le gouvernement fera ressortir la
différence d'une monarchie constitutionnelle, ou
réglée par les lois, et d'une dictature absolue,
arbitraire, oppressive, qui prend les caprices du
maître pour règles, la violence pour moyen, la
terreur pour mobile, les armes pour appui, la
destruction pour but. Nous pouvons le dire avec
vérité : aucune représentation nationale n'a existé
sous Napoléon. Un corps législatif de muets,
choisis par le sénat, n'en offrait qu'un vain fan-
tôme. La chambre des députés de 1814, composée
des restes de ce corps législatif, dont les pouvoirs
étaient en partie expirés, et qui avait trahi la nation par sa lâcheté, s'était trouvée incapable de
soutenir et d'affermir le trône.

L'apparition momentanée de la dernière chambre des représentans, dont la très-grande majorité
avait des intentions pures, mais qui s'est trouvée
placée dans les plus graves circonstances, condamnée à ne prendre aucune attitude prononcée,
pour maintenir les passions dans un état de neu-
tralité, pour calmer des irritations partielles,
pour éviter des déchiremens et des troubles, n'a

pu faire jouir la nation des vrais avantages du système représentatif. Elle a rendu néanmoins, par sa modération et sa prudence, des services importans, qu'il serait injuste de méconnaître.

L'époque approche où la représentation nationale, énergique sans être factieuse, respectueuse envers le Roi sans être servile, uniquement occupée à procurer à la France les deux bienfaits d'une tranquillité durable et d'une constitution monarchique, propre à garantir également la liberté publique et la puissance du Roi, pourra réaliser tout ce que la nation a droit d'en attendre.

La *constitution* et la *paix* sont désormais les mots de ralliement de tous les hommes sages. Sans une constitution forte, la paix intérieure n'aurait aucune garantie; sans une paix bien établie entre les partis qui ont divisé la France, une bonne constitution deviendrait impossible, ou resterait sans exécution. Tous les soins des magistrats, des préfets, des présidens des colléges électoraux doivent donc se rapporter au grand but de l'union des esprits, de la fusion des sentimens, de l'accord des volontés. Quiconque ne travaillerait pas à calmer l'exaspération et les passions haineuses, à rétablir l'union et l'harmonie, trahirait la France et le Roi. Nous avons tous besoin d'oublier: la patrie en pleurs nous demande d'être unis pour mettre enfin un terme à ses maux. Serions-nous donc assez insensés pour nous déchirer encore, au milieu des armées étrangères qui ont envahi nos provinces et qui mettraient à profit nos discordes? Qu'une ihdifférence coupable, que des rivalités locales, des animosités particulières ne viennent point paralyser les opérations des colléges électoraux, ou leur donner une fausse direction. Les choix qu'ils sont appelés à faire auront une grande influence sur le sort de la patrie. Qu'ils se pénètrent de l'importance des devoirs que les députés auront à remplir.

Rattacher la nation à la monarchie et à la personne du Roi ;

Disposer le Roi et son ministère à satisfaire aux vœux raisonnables de l'opinion publique ;

Rendre ainsi l'autorité plus douce, l'obéissance plus facile ;

Fortifier le ministère ;

Aider le gouvernement à fermer les plaies publiques, à donner aux puissances alliées, et à recevoir d'elles des garanties d'une paix solide ;

Améliorer et compléter les lois constitutionnelles, en assurer l'observation ;

Rassembler les élémens épars de la prospérité publique ;

Rétablir, enfin, l'agriculture, le commerce, l'industrie, les finances, par des institutions fortes, généreuses, dont la religion, la morale, l'éducation, l'amour de la patrie soient les bases : tels sont les devoirs imposés à la chambre des députés.

Si elle foule aux pieds toutes les petites passions, tous les intérêts particuliers, tous les souvenirs de partis, elle remplira sa mission, affermira le trône et sauvera la patrie. Si elle ne songeait qu'à satisfaire les passions et les vengeances d'un parti, elle préparerait à la nation, au Roi et à l'Europe, de nouvelles causes de troubles et de malheurs.

Il paraît utile et facile d'assigner les points principaux auxquels veut se rattacher la grande majorité des Français, et que la Représentation Nationale devra consacrer.

Le premier objet, qui réunit tous les vœux, est un vrai *système représentatif,* qui doit tenir lieu, en France, des anciens états-généraux, des parlemens, des états provinciaux et des anciennes institutions, destinées à empêcher l'autorité royale et ministérielle de dégénérer en despotisme.

Autrefois, les parlemens formaient, en France, quarante foyers d'agitation qui excitaient souvent l'inquiétude de la cour et des ministres. Aujourd'hui, deux chambres seulement, réunies sous les yeux du Roi, seront pour lui des soutiens, plutôt

que des obstacles à sa puissance légitime et constitutionnelle.

La Représentation Nationale , appelée à concourir à la formation des lois, et à veiller à ce
qu'elles soient observées par les divers agens du
pouvoir exécutif, donne aux lois, devenues l'expression de la volonté générale, un caractère émi-
nemment national, qui dispose mieux le peuple
à la soumission , et qui investit le Roi d'une autorité plus réelle et mieux affermie. Tous ses
actes, appuyés sur des lois discutées et consenties
par les députés de la nation, reçoivent une plus
grande force de cette sanction de l'opinion publique , qui en fait apprécier les motifs et les
avantages.

Un *second objet*, voulu généralement, est la
garantie de la *liberté individuelle*, qui donne à
chaque citoyen l'assurance de ne pouvoir être
arrêté, poursuivi, jugé, que d'après les formes
protectrices établies par des lois qui soient égales
pour tous.

Les autres points principaux, réclamés par
un vœu unanime, sont :

3° *L'égalité des droits civils et politiques*,
ou la faculté des citoyens d'être également admis-
sibles à tous les emplois, en raison de leurs
vertus, de leurs talens, de leurs services, et non

d'après des privilèges exclusifs, évidemment injustes, dont jouirait seulement un petit nombre
de familles.

4° La *liberté de la presse*, pour que chacun
puisse exprimer et publier ses pensées : ce qui
tend à favoriser le développement des talens et
à former l'esprit public ; chacun devant seulement
répondre de ce qu'il a écrit et publié, afin que les
abus, dans l'exercice du droit d'écrire, qui tendraient à calomnier des individus, ou à troubler
l'ordre public, soient punis d'après la loi.

5° La *liberté des consciences et des cultes*.

6° Le *libre consentement des levées d'hommes
et des impôts*, par les corps qui représentent la
nation.

7° La *responsabilité des ministres*, pour que
la même inviolabilité soit garantie à la personne
du monarque, et à la loi, qui doit protéger également les droits et les intérêts de toutes les classes
de citoyens.

8° L'*inviolabilité des propriétés de toute nature*, et spécialement des acquisitions de biens
nationaux ; et l'*abolition de la peine* odieuse et
injuste *de confiscation*.

9° L'*entier oubli des opinions et des votes
politiques*, émis dans le cours de la révolution,
afin qu'il ne puisse y avoir de recherches inquisi-

toriales sur le passé, qui inquiéteraient un grand nombre d'individus, produiraient des germes de divisions et troubleraient la tranquillité publique.

10° L'*institution du jury* et *l'inamovibilité des juges*, qui assurent l'indépendance et l'impartialité des jugemens.

11° L'institution de la *Légion-d'Honneur*, et la *conservation des pensions civiles et militaires*, qui sont les seuls moyens d'existence d'un nombre infini de familles.

12° Enfin, la garantie du *paiement de la dette publique*.

Ces *douze objets fondamentaux*, que réclame l'universalité des citoyens en France, déjà garantis par la Charte que la sagesse du Roi nous a donnée, mais qu'il paraît important de consacrer par une Constitution nationale, librement et publiquement discustée, solennellement acceptée et jurée par le Roi et par les Corps Représentatifs, sont les plus sûrs moyens de calmer les passions, d'éteindre les partis, d'ôter tout sujet et même tout prétexte de mécontentement et de trouble, et, par conséquent, d'assurer la tranquillité de la France, nécessaire pour que l'Europe elle-même soit à l'abri de nouvelles agitations.

Le résultat définitif de la révolution française ne doit être ni l'anéantissement et l'abandon absolu, ni l'abus et l'exagération désordonnée des principes qu'elle a consacrés. « On empêche, « dit Bacon, la destruction d'une chose, en la « ramenant à ses principes ».—« La patrie, dit-il « encore, est un tout dont nous ne sommes que « les parties ; la meilleure de ces parties est celle « qui ne se prend jamais pour le tout ; la pire est « celle qui veut dominer, et qui, au lieu de se « faire l'instrument du tout, veut (par un contre-« sens bizarre et funeste, qui tourne contre elle-« même) faire de ce tout son instrument ».

Pour finir la révolution avec succès et avec gloire, il faut comprendre et appliquer le mot de *patrie* dans son véritable sens, tel que l'a déterminé Bacon. Il faut concilier, combiner, fondre ensemble, par un heureux mélange, dans une organisation politique, bien appropriée à nos convenances et à nos mœurs, les deux nuances prononcées d'opinions des deux grandes classes de Français vraiment estimables dont se compose la nation. Elles éprouvent moins un désir fixe d'une forme de gouvenement déterminée, qu'un instinct secret, un besoin unanime, impérieux de jouir d'un certain nombre d'avantages positifs, que les progrès de la civilisation et des lumières, dans notre état actuel, leur font juger devoir appartenir aux hommes réunis en société.

Ces deux classes de français, qui n'en for-
formoient qu'une seule , en 1789, àux premiers jours de la révolution, constituent vérita-
blement la nation, puisqu'au-delà on ne trouve-
rait plus que les mendians prolétaires , les voleurs,
les joueurs, les intrigans avides de troubles et
de révolutions , qui se placent eux-mêmes hors
des limites de l'ordre social.

L'une de ces classes comprend les citoyens qui
ont pris une part directe et active à la révolution, dans des intentions nobles et pures ; qui
veulent conserver pour eux , pour leurs enfans,
pour leurs contemporains , pour les générations
futures, quelques fruits de leurs travaux et de
leurs sacrifices ; qui ne pourraient souffrir que le
nom de *patrie* fût effacé, que les droits du peuple
fussent aliénés, que le peuple lui-même fût replongé dans l'avilissement et dans l'esclavage ;
qu'une nation généreuse parût démentir, par une
abjuration lâche et infâme, ses sermens solennels
de maintenir l'indépendance et la gloire de la
patrie.

Dans la seconde classe, sont les hommes qui
ont conservé un souvenir profond des maux que
la nation entière a soufferts, pendant les orages ré-
volutionnaires. Leur imagination est encore frap-
pée du tableau des proscriptions et des supplices,

des spoliations et des concussions que la France a vu se multiplier, aux différentes époques de la révolution, souvent par l'influence cachée des agens de l'étranger, auxquels on avait donné pour instruction de travailler à perdre la révolution par ses propres excès.

La prétendue fondation d'un gouvernement libre, qui n'a présenté à cette classe de français que les dévastations et les fureurs d'une sanglante anarchie, les a portés à confondre les abus de l'institution avec l'institution elle-même, et la licence avec la vraie liberté. Il se sont rejettés avec plus d'ardeur vers les principes conserva-teurs, trop méconnus et violés, en renonçant, quoiqu'à regret, aux vues d'amélioration qu'ils avaient d'abord embrassées, mais qui leur parais-saient désormais moins séduisantes en théorie, que pernicieuses et meurtrières dans la pratique.

Les premiers tiennent essentiellement aux idées de *liberté* et *d'égalité politiques*, consacrées par nos différentes constitutions, aux principes fon-damentaux d'une *constitution nationale*, du *sys-tème représentatif*, du *jugement par jurés*, de la *liberté de la presse*, de la *responsabilité des ministres* et *des agens de l'autorité*. Les seconds se rattachent plus fortement aux idées, non moins nécessaires et fondamentales, de la *sûreté des*

( 40 )

*personnes*, de la *tranquillité*, de la *propriété*, base principale du droit de cité, de *l'abolition de la peine de confiscation*, d'une *administration impartiale de la justice*, de *l'ordre public*, d'un *gouvernement fort, énergique et centralisé.*

C'est à concilier et à combiner ces deux grands élémens, l'*ordre* et la *liberté*, que devront s'appliquer les deux chambres, de concert avec le ministère, pour satisfaire au vœu unanime des français, et justifier ainsi la confiance nationale.

C'est dans cette association, dans cette fusion d'idées, en apparence contradictoires, mais en effet identiques ; c'est-là qu'est le problême à résoudre : *l'organisation d'une liberté bien réglée.* C'est-là qu'est à-la-fois la base et le couronnement de l'édifice social, et la fin de la révolution.

La France est lasse de révolutions : elle veut un gouvernement fort, mais national, approprié à l'état actuel de la civilisation et des lumières, qui lui garantisse la tranquillité et la liberté, sous la protection des lois. Elle ne reconnoît de lois que celles qui émanent d'une discussion libre et publique d'une véritable représentation nationale, et du concours de la volonté du Roi.